Resumen

CAPÍTULO 1 – ¿QUÉ ES UN TRADING SYSTEM? 7

LA EVOLUCIÓN DE LOS SISTEMAS DE TRADING DESDE LA
DÉCADA DE 1990 HASTA HOY 10
EL MONEY MANAGEMENT 16
LAS PRINCIPALES TIPOLOGÍAS DEL TRADING SYSTEM .. 25
TREND FOLLOWING 27
LA REVERSIÓN 33
LA VOLATILIDAD 38

CAPÍTULO 2 – LOS PROS Y LOS CONTRAS DEL TRADING SYSTEM 43

LAS VENTAJAS 47
LAS DESVENTAJAS 54

CAPÍTULO 3 – CÓMO CONSTRUIR UN TRADING SYSTEM EXITOSO 61

ANÁLISIS DEL MERCADO Y PRINCIPIOS BÁSICOS 66
ESQUEMAS LÓGICOS Y PRUEBAS (TESTING)..............75
EVENTUALES ERRORES A EVITAR 84

CONCLUSIONES..89

El mundo del trading está dirigido por la negociación de instrumentos financieros en la bolsa de valores y en los mercados de valores, especulando sobre los cambios de precios. Los desarrollos tecnológicos de las últimas décadas han marcado la transición del comercio manual al comercio en línea, tanto discrecional como como basados en el uso de herramientas automatizadas.

El trading online puede ser una herramienta valiosa para generar beneficios, pero al mismo tiempo puede ser un desafío para los traders inexpertos que están motivados por la ilusión de que tales beneficios se pueden lograr rápidamente y sin ningún esfuerzo. Para abordar esto, es importante utilizar herramientas de análisis y software eficientes que puedan probar la validez de sus estrategias. El objetivo es obtener ganancias de abrir y cerrar operaciones hacia arriba o hacia abajo, limitando el riesgo de incurrir en grandes pérdidas que inevitablemente reducirían su capital.

El trading es una actividad que no debe subestimarse, ya que se puede contar entre los empleos más complejos del mundo financiero. Las implicaciones que trae van más allá de la esfera económica, abarcando sobre todo lo psicológico y emocional. Por esta razón, los sistemas de trading automatizados, los llamados Trading System, han sido diseñados de tal manera que se elimine el componente ansioso típico del hombre, para permitir una mayor lucidez y validez de las transacciones. Por lo tanto, la eliminación de la discreción es el primer paso en la implementación de una estrategia comercial viable.

Este nuevo tipo de trading, sin embargo, tampoco es infalible, por lo que es esencial profundizar en las habilidades de las estadísticas, matemáticas y finanzas. Además, si opta por una plataforma gratuita del Trading System, será menos eficiente que las plataformas a pago que son caras.

La premisa real de la negociación, sin embargo, es la inversión, que es la base de todo el proceso: sin una inversión inicial, no será posible iniciar ninguna estrategia comercial válida. Si no desea optar por un sistema ya empaquetado, puede construir un sistema de trading desde cero, estableciendo los parámetros e indicadores más adecuados para la estrategia que desea implementar. En este caso, también tendrá que aprender los conceptos básicos de la programación y los lenguajes informáticos, para implementar los códigos y algoritmos necesarios para el sistema, o alternativamente puede recurrir a programadores experimentados, con los diversos riesgos conectados.

Perseguir una estrategia válida en el mundo del trading automatizado, puede resultar rentable a largo plazo, ya que sólo con perseverancia y paciencia será posible convertirse en un trader profesional capaz de aprovechar todas las articulaciones del mercado a su favor, aun en las fases negativas, que en la mayoría de los casos serán más que compensadas por las positivas.

Capítulo 1 – ¿Qué es un Trading System?

Los mercados financieros se caracterizan por una serie de riesgos que los inversores potenciales deben conocer y evaluar, mediante el estudio de estrategias y técnicas financieras y el análisis de factores temporales y personales, que pueden incidir en el apetito por el riesgo. También se deben identificar los activos (asset) que se incluirán en la cartera financiera, como acciones, bonos y otros derivados.

La estrategia ganadora de cada inversor, también llamado trader, se basa en elegir el mejor momento para vender o comprar valores, basado en osciladores, indicadores y análisis precisos. Observar todas las combinaciones financieras al mismo tiempo y poder elegir el momento óptimo para hacer su inversión es complejo, ya que el mercado a menudo presenta algunas dificultades. Esta es precisamente la razón por la que los Trading System automatizados han nacido recientemente.

El Trading System es un sistema de trading automático, que permite que las señales de venta y compra se procesen de forma totalmente objetiva en poco tiempo, mediante la combinación de indicadores técnicos y estadísticos, para contener el riesgo y maximizar la rentabilidad. Puedes llevar a cabo el Trading System a través de un software específico, capaz de traducir y procesar en tiempo real las reglas que el trader decide adoptar para moverse en los mercados financieros. Así que es el trader quien decide qué eventos generará la activación del Trading System automático.

Lo que diferencia al Trading System del trading tradicional es la ausencia total del elemento emocional: el trader inevitablemente sufre consecuencias emocionales después de cada inversión, lo que puede llevarle, por ejemplo, a ejecutar un riesgo excesivo debido al deseo de redención después de una operación negativa anterior. Sin embargo, el software no elimina por completo el riesgo, pero lo pesa, tanto a corto como a medio y largo plazo.

La evolución de los sistemas de trading desde la década de 1990 hasta hoy

En la década de 1990, antes de la llegada del trading online, las transacciones financieras eran bastante complejas, ya que era necesario utilizar un intermediario, llamado broker, o su propio banco, para realizar órdenes de compra o venta. La maquinidad del sistema y del mercado financiero no permitía a los traders recibir fácilmente información, como información sobre precios, en poco tiempo. Esta lentitud también afectó al tiempo que se tardaba en realizar pedidos, de hecho, a veces pasaban incluso unos días, con el riesgo de que mientras tanto los precios variaran. Esto se debió en parte al hecho de que las órdenes sólo podían realizarse por teléfono o físicamente en los mostradores de valores bancarios.

Los traders también tenían que pagar tarifas y comisiones mucho más altas que los del trading online de hoy en día. Además de esto, era imposible llevar a cabo análisis económicos de los mercados, lo que hacía que cualquier inversión fuera altamente de riesgo.

El mercado de trading ha experimentado un profundo cambio desde finales de la década de 1990, gracias a la difusión de los ordenadores e Internet. En los últimos años hemos visto el crecimiento de los Trading System, a través de plataformas especialmente creadas por bancos y Sims, a las que los inversores podían acceder libremente desde casa, operando en los mercados de forma rápida y sencilla. Con el fin de facilitar las inversiones y agilizar los tiempos técnicos, muchos brokers han establecido afiliaciones con los bancos, con el fin de vincular las diversas cuentas en poder del trader. Estas simplificaciones, además de la reducción significativa de los costos de las tasas debidas para cada operación comercial individual, han dado lugar a un aumento significativo en el número de traders en el mercado. Algunos de ellos han logrado hacer de las inversiones y las transacciones financieras un verdadero trabajo, mientras que otros, actuando sin una estrategia comercial real y sin conocimiento suficiente del mercado, han agotado progresivamente su propio capital.

Lo que diferencia al mercado financiero, particularmente en los años 2000 a 2007, es la posibilidad de abrir posiciones en transacciones con una duración muy corta, a veces incluso unos minutos. Los traders que ponen en marcha una estrategia de este tipo, basado en el llamado scalping, estaban destinados a monetizar cantidades bastante pequeñas de dinero, tan rápido como sea posible. De hecho, estas estrategias han extendido la ilusión, tanto entre los traders experimentados como entre los principiantes, de crear ganancias netas en pocas horas, con una inversión inicial bastante baja y con un riesgo ponderado y aceptable, logrando ganancias sólo los brokers. De hecho, con la apertura del mercado financiero al mundo de la web, los traders inexpertos aumentaron, que, con un presupuesto limitado, trataron de hacer su fortuna, perdiendo finalmente el capital que habían decidido invertir: el porcentaje de estos temas es alrededor del 90% de todos los traders; sin embargo, con el paso de los años, incluso los pocos traders ganadores disminuyeron gradualmente.

No fue hasta 2008 cuando se introdujeron máquinas en el mercado financiero, con el objetivo de reducir los riesgos y los errores y con el fin de optimizar la búsqueda de información, a pesar de que los primeros sistemas de información se habían aplicado en los Estados Unidos a finales del siglo XIX, como comercio codificado a través del uso de software.

La transición al Trading System ha sido de alguna manera revolucionaria, gracias a la capacidad de escanear un número casi ilimitado de transacciones rápidamente. Mediante la implementación de software de trading automatizado, normalmente programado en el lenguaje C o

JavaScript, se pueden analizar todos los aspectos del mercado financiero y aprovechar su potencial de inversión. El uso de estos programas ha permitido incluso a los menos experimentados tomar el camino del trading online para tratar de obtener un beneficio, reduciendo en gran medida los riesgos.

El Money Management

La gestión del dinero se puede considerar como el plan para asignar, administrar y proteger su capital para diversas inversiones. La asignación de capital no es más que el conjunto de decisiones sobre la cantidad de recursos que deben asignarse a un tipo determinado de instrumentos financieros. La elección está influenciada por ciertos factores, como el apetito por el riesgo y la cantidad de capital inicial. Pero no sólo eso. Es muy importante que el trader evalúe desde el principio la cantidad de tiempo que quiere invertir y el estado de los mercados financieros.

Todo esto puede estar contenido en el concepto de dimensionamiento de posición, que le permite monitorear las inversiones en un momento preciso, con el fin de controlar el riesgo y gestionar el ahorro. El tamaño de la posición sugiere que no se asigne más del 5% de su cartera a una sola inversión.

Los sistemas comerciales ofrecen buenas estrategias para una gestión eficiente del capital y beneficios a lo largo del tiempo. A través de los sistemas de negociación y a través de la diferenciación de mercado o sector, es posible implementar diferentes estrategias en los mismos valores, actuando sobre las variables de rentabilidad y riesgo, ya que no es una apuesta, sino inversión. Por lo tanto, el uso combinado de múltiples sistemas de trading puede implementar el principio de diferenciación, permitiendo así gestionar de forma óptima el capital asignado y maximizando la relación de retorno al riesgo.

Una vez que haya implementado su sistema ideal, utilizando uno o más sistemas de trading dependiendo de las diferentes perspectivas de ingresos futuras, la gestión de capital simple se convierte en una gestión de riesgos real. Este concepto es esencial para definir el análisis de los posibles riesgos y tener una conciencia sobre la posición ocupada en el mercado financiero.

La última fase fundamental de la gestión del capital es la protección del capital. Este es un momento delicado, ya que el trader debe ser capaz de gestionar las inversiones realizadas: esto significa saber el momento exacto en el que cerrar una transacción determinada, ya sea con pérdida o beneficio. Incluso durante esta fase, los traders pueden confiar en los Trading System, que son capaces de optimizar cada estrategia de inversión. La decisión de cerrar una posición es crucial no sólo en términos de optimización de beneficios, sino también para evitar que se concibe toda la inversión para esa transacción.

El mundo del trading contempla la posibilidad de hacer las inversiones equivocadas, ya que son una parte integral del mercado financiero: el trader debe ser bueno en la comprensión de antemano cuando es el momento adecuado para minimizar la pérdida. Incluso si esta decisión se delega en un Trading System, el trader todavía debe tener suficiente conocimiento del mercado y del mecanismo para cerrar la transacción y, en consecuencia, la estrategia de protección de capital.

De hecho, la implementación de una estrategia que contiene ciertas condiciones de salida desde el principio es de alguna manera más útil que una estrategia con excelentes condiciones de entrada. Por lo tanto, es esencial aprovechar todas las señales con las que están equipados los modernos sistemas automatizados de comercio para optimizar la gestión del dinero y la estrategia adoptada.

Se pueden agrupar las señales en cinco categorías específicas:

- Stop Loss. Es una señal que puede limitar las pérdidas relacionadas con cada operación realizada. Sin embargo, corresponderá al trader definir cómo debe cerrar la posición el sistema de trading, y esto se puede hacer cuando se alcanza un determinado porcentaje fijo calculado sobre el capital invertido total, o si la pérdida alcanza un nivel que exceda el porcentaje calculado sobre la base de la volatilidad de la garantía financiera, o incluso la superación de un importe fijo, en el caso de que la inversión esté relacionada con los instrumentos financieros derivados.

- Breakeven Stop. A través de esta señal un trader será capaz de cerrar, una vez que el beneficio sea establecido en el sistema, una posición de equilibrio. Esto reduce el riesgo que puede resultar de una reversión repentina del mercado, pero al mismo tiempo, el cierre de la posición podría conducir a una tendencia positiva.

- Trailing Stop. Esta señal representa la evolución de los dos anteriores: el Trading System puede decidir volver a entrar en la transacción de tal manera que se aproveche aún más la tendencia positiva de la posición cerrada de antemano. Por lo tanto, el trader tendrá que establecer un cierto nivel de entrada, necesariamente en un punto más alto que el Stop de breakeven, y un nuevo nivel de salida, inferior al beneficio obtenido en la posición anterior.

- Take Profit. Es una señal similar a la anterior, la única diferencia es que el Take Profit contiene un nivel máximo de beneficio que, una vez alcanzado, resulta en el cierre de la transacción. Esta señal es particularmente útil si el trader decide operar dentro de un mercado bastante pequeño, mientras que es limitante si se utiliza en mercados con grandes tendencias.

- Shock Protection. El mercado financiero es uno de los mercados más susceptibles a eventos externos, también debido a la amplia volatilidad de sus instrumentos. Para evitar que un evento repentino genere un cambio de tendencia que afectará al beneficio realizado anteriormente, Shock Protection le permite automatizar el cierre de la posición cuando supera un rango de valores previamente establecido por el trader.

En el Money Management, es crucial definir las previsiones de pérdidas y beneficios esperadas, es decir, cuantificar cuánto espera ganar o perder el trader, por lo que el uso de dos fórmulas, la fórmula Kelly y la fórmula Larry Williams, es crucial. El primero nació en el campo de los juegos de azar, para maximizar el beneficio de las apuestas a largo plazo, y sólo más tarde se asoció con el mercado financiero. Tiene en cuenta la probabilidad de obtener un beneficio de cada acción y el valor medio de cada acción cerrada positiva o negativamente. El segundo considera el capital y el porcentaje de riesgo, que se comparan con la llamada reducción, es decir, la cantidad de dinero que está dispuesto a perder.

El estudio de una buena gestión del dinero sienta las bases para aumentar la rentabilidad de las inversiones en el trading. Tanto la simplificación del análisis y estudio de una estrategia válida y eficaz en el mercado financiero, como el uso de señales que permitan la protección del capital acumulado o previamente invertido, se han asegurado de que muchos traders obtengan ganancias más seguras. Esto se debe principalmente a la diversificación estratégica que prevalece en el método y la eficacia sobre la inversión pura y simple, basada en la intuición y el estudio analítico del mercado.

Las principales tipologías del Trading System

Los Trading System se pueden dividir en diferentes categorías, dependiendo de las estrategias que el trader tiene la intención de adoptar en el mercado financiero en un momento dado. Cada categoría tiene elementos favorables y desfavorables, por lo que el trader debe ser capaz de elegir el tipo más adecuado para la gestión de su dinero.

Cada uno de los tipos de Trading System es tan válido como todos los demás, ya que no hay mejor estrategia que otra, pero la eficacia de cada uno de ellos está estrechamente relacionada con las condiciones del mercado en el momento en que el trader hace la inversión.

El uso del Sistema de Trading tiene un doble aspecto, por un lado, es una herramienta que puede apoyar las decisiones, por otro lado, sirve como herramienta operativa en relación con los informes generados. Los principales modelos de Trading System se pueden identificar en los sistemas de seguimiento de tendencias, los sistemas de inversión o reversión y los sistemas de volatilidad.

Trend Following

El modelo Trend Following es el tipo más utilizado por los traders en el mercado financiero. Gracias a estos modelos es posible, de hecho, identificar tendencias, habiéndose desarrollado para este fin. En el caso de que el sistema pueda recoger una tendencia definida, el porcentaje de operaciones positivas es muy alto y genera el máximo beneficio de la tendencia primaria. Sin embargo, las señales no siempre son oportunas en comparación con los mínimos y máximos de la época, y este aspecto puede traer dificultades.

La Trend Following, sin embargo, puede generar grandes pérdidas en las llamadas fases laterales del mercado, especialmente en las más duraderas, ya que la obstinación de dichos sistemas para perseguir la tendencia a cualquier costo puede generar costos más altos que los beneficios. Puede ser útil incluir grandes niveles de stop loss con el fin de limitar la inestabilidad de la tendencia, pero esto no siempre es suficiente, especialmente si opera en mercados no direccionales con un alto nivel de volatilidad.

Para implementar una estrategia de Trend Following válida es necesario identificar una fuerte tendencia en el mercado, a través del uso de ciertos indicadores, entre toda la media móvil, que destaca el precio medio de un instrumento financiero en un rango determinado identificando las fases ascendentes, la desventaja y el rango de negociación.

Un oscilador Trend Following basado en la media móvil es el Triple Index o Trix, que detecta el cambio porcentual de una media móvil exponencial triple estimada en el precio de cierre. El Trix varía alrededor de la trigger line, es decir, cero, captando señales de compra por encima de ella y abriendo señales hacia abajo. Pero no sólo eso. En el caso de que el mercado se encuentre en una fase de sobrecompra o sobreventa, el oscilador será capaz de destacar tanto las depreciaciones como las apreciaciones.

Dependiendo de los signos de entrada en el mercado es posible distinguir dos Trend Followers diferentes, es decir, los Breakout Traders y los Swing Traders. Los Breakout traders se activan cuando se produce una llamada tendencia alcista, es decir, cuando el precio supera un cierto nivel límite, ya sea mínimo o máximo, cerrando más allá de una cierta resistencia. En este momento, el mercado se introduce automáticamente. Del mismo modo, a medida que avanza la tendencia, stop loss tiende a asumir mínimos recientes cada vez más bajos hasta que asume el valor del stop profit. Una vez que el precio supera este nivel, los breakout traders cierran la posición. Alternativamente, el trader puede decidir tomar ventaja de las bandas de Bollinger, que no sólo analizan la volatilidad del mercado financiero en el momento de la inversión, sino que también estudian las desviaciones estándar que actúan como bandas para determinar el tiempo adecuado para salir del mercado.

Este Trend Following tiene horizontes temporales muy amplios, pudiendo variar de muy largo a muy corto plazo.

Dependiendo de la duración de la tendencia, se pueden distinguir tres tipos de Breakout traders: Position traders, Momentum Traders y los Scalpers.

Los Position traders operan a largo plazo, a través de un análisis técnico preciso de los gráficos semanales o mensuales, pero sin tener en cuenta las fluctuaciones intradías. Los Momentum Traders sólo aprovechan los cambios de precios de tendencia durante unos pocos días y en períodos de alta volatilidad o volatilidad. Los traders que operan en muy corto plazo se llaman Scalpers, y pueden llegar a llevar a cabo cientos de transacciones de la misma duración o menos del minuto en un solo día, obteniendo de vez en cuando pequeñas ganancias. Lo que activa al segundo Trend Follower, es decir, los Swing Traders, no es la superación de una resistencia o stop profit, sino la ralentización de la tendencia de una tendencia, definida en la jerga técnica de oscilación. La desaceleración de la tendencia del mercado, de hecho, puede proporcionar indicaciones sobre posibles reinicios y, si se cumplen las condiciones necesarias, el Trend Follower reaviva la posición antes de que la tendencia reanude su tendencia.

La Reversión

Perseguir el trend es sin duda la estrategia más popular para los traders que invierten en el mercado financiero utilizando el Trading System, pero no el único. Las estrategias basadas en la reversión, por ejemplo, son una muy buena alternativa, especialmente para la alta probabilidad de éxito.

Esta estrategia es adoptada principalmente por los traders que deciden optar por el trading mecánico. Lo que hace que estas estrategias sean menos atractivas es la menor ganancia media relacionada con cada operación comercial individual, aunque los sistemas de tendencia inversa garantizan menos riesgo, especialmente durante las etapas laterales de la tendencia.

Por supuesto, los sistemas de inversión también basan su activación en algunos osciladores, pero también se basan en algunos patrones que, en comparación con la lógica que impulsa las estrategias de Trend Following, resultan ser mucho más concretos. En última instancia, los Trading System de tendencia intentan aprovechar la llamada fase de rebote. Así que, si una tendencia sigue una lógica constantemente ascendente, la estrategia requiere invertir abriendo posiciones a la baja, y viceversa. Por lo tanto, el Trading System actuará antes del posible cambio en la tendencia, a diferencia del Trend Following que tiende a seguir obstinadamente la dirección tomada por la tendencia.

Hay múltiples sistemas basados en una estrategia de inversión de trend. Uno de los principales métodos se basa en su análisis en la comparación de las divergencias entre el precio real y el esperado por los principales osciladores estoicos. Específicamente, una señal de inversión se puede generar cuando los precios alcanzan un nuevo mínimo, la tendencia sigue cayendo en sobreventa y el oscilador sube, creando así una inversión de trend. Lo mismo se aplica al caso opuesto. Un método adicional del Trading System de inversión se conoce como el oscilador último, y fue estudiado e implementado por Larry Williams. Este sistema difiere de cualquier otro oscilador en que es capaz de relacionar y analizar los precios de un instrumento financiero dado en tres intervalos de tiempo diferentes. De esta manera, el oscilador será capaz de identificar con mayor certeza los momentos en que se producirán las reversiones de tendencia.

Por supuesto, los patrones son importantes, lo que permite a los Trading System hipotizar cuál será el comportamiento del precio en intervalos de tiempo posteriores en el mercado financiero. Lo que los traders prefieren son patrones que tengan un significado estadístico particular, dependiendo de la frecuencia con la que aparezcan en el mercado. Además, los patrones deben ser estrictamente codificables utilizando los lenguajes de programación informáticos utilizados por los Trading Systems, por lo que su ajuste no debe ser ambiguo o aleatorio, pero cierto y determinado.

Para cumplir ambos requisitos, los patrones deben tener menos de tres o cuatro barras. Una vez que se han desarrollado sin duda será la manifestación más inmediata de las relaciones de compra y venta en el mercado financiero y, como resultado, aumentará en gran medida las posibilidades de identificar el nivel de precios en los intervalos de tiempo. subsiguiente.

La Volatilidad

Otro tipo de Trading System se basa en el concepto de volatilidad, que es importante para un mayor éxito en el trading a corto y medio y largo plazo. La volatilidad no es más que la desviación estándar y como tal manifiesta el cambio que un determinado precio sufre en el mercado financiero en un intervalo de tiempo específico.

Este parámetro es crucial no sólo para el trader que quiere invertir su capital, sino para el mismo Trading System que gracias a él son capaces de analizar el cambio en los rendimientos de la categoría de productos financieros observados en el mercado. Siguiendo esta lógica, la volatilidad representa el riesgo inherente a una operación comercial, siendo los mismos dos parámetros proporcionales entre sí.

Interpretar la volatilidad a través del indicador de desviación estándar es útil para que los traders evalúen el mejor momento para entrar en el mercado: de hecho, si tiene valores demasiado bajos y por lo tanto el mercado está en una fase plana, pronto puede ser que actividad se eleve; Por otro lado, si tiene valores altos, es probable que la actividad pronto se ralentice.

Es importante distinguir la volatilidad "buena" de la volatilidad "mala", para evitar ser engañado por el mercado: el primero genera ganancias cuando se intercepta correctamente, mientras que el segundo activa el stop loss después de una entrada a largo plazo antes de que el mercado cambie de tendencia y reanude la tendencia al alza. Por esta razón, los Trading System deben ser capaces de filtrar la volatilidad para operar de manera óptima.

Este tipo de Trading System es probablemente el oscilador más importante, es decir, el Volatility Momentum. Este oscilador es capaz de analizar el cambio de precio del instrumento financiero observado y, durante el mismo período de tiempo, la reacción de todo el mercado al cambio en el precio de los instrumentos individuales. El oscilador se compara con los volúmenes de mercado: esta relación cuantifica la media móvil en la que se basan las señales de compra y salida.

La dinámica de volatilidad también se recomienda como un refinamiento del tipo de Trend Following. De hecho, este último tiene deficiencias obvias en las inversiones realizadas durante las fases laterales: a través del uso combinado de un Trading System de Trend Following con el oscilador Volatility Momentum es posible reducir los intervalos de tiempo durante el cual las posiciones del trader están abiertas, de tal manera que se disminuyan las pérdidas.

Menos utilizado es el oscilador Volatility Breakout, que tiene como objetivo crear un rango real de volatilidad que varía dependiendo del rendimiento del mercado financiero. El aspecto positivo de este oscilador es que es capaz de crear su propia base estadística sobre la que establecer las señales de compra o cierre de la posición. Esta base estadística será decisiva si el mercado pasa por fases laterales bastante largas, ya que el oscilador conservará un modelo teórico objetivo sobre el desarrollo del mercado futuro, lo que permitirá realizar un análisis. y, como resultado, el trading positivo.

Capítulo 2 – Los pros y los contras del Trading System

Cada trader profesional sabe que no es posible predecir con certeza cuál es el rendimiento de los instrumentos financieros en el mercado. Precisamente por esta razón nacen los Trading System, como elementos de apoyo objetivos y de toma de decisiones, que contemplan los factores de riesgo y actúan en consecuencia. Contienen diferentes planes de trading y diferentes estrategias y, gracias a osciladores y señales, es posible actuar siguiendo la mejor probabilidad de éxito alcanzable.

La responsabilidad de la inclusión de las condiciones de apertura de posiciones y salida del mercado dentro del Trading System, sin embargo, sigue recayendo en los traders, que por lo tanto deben tener suficiente conocimiento de la tendencia del mercado en la que irán y las reglas básicas que lo caracterizan. Por lo tanto, la aplicación de las condiciones no puede ser aleatoria ni llevada a cabo por personas inexpertas, ya que en ese caso correría el riesgo de que el sistema automatizado abra posiciones menos apropiadas, o salga del mercado en el momento máximo.

El auge de los Trading System ha llevado a muchos individuos a pensar que el trading automático genera ganancias milagrosas sin esfuerzo excesivo y en poco tiempo. Esto es completamente erróneo, ya que la base de estos sistemas es un algoritmo complejo que, a través de una serie de pasos lógicos, identifica los niveles de precios en los que se pueden comercializar los productos financieros. Para ello, el algoritmo realiza un meticuloso análisis técnico de osciladores e indicadores. El avance tecnológico de los últimos años también ha tenido implicaciones en el mundo del Trading System y el mercado financiero. De hecho, se han creado numerosas plataformas de trading totalmente automatizadas, gestionando directamente la negociación de valores y los signos de cambio de precio. Estas plataformas también permiten a los traders menos experimentados entrar en el mundo del comercio, ofreciéndoles la capacidad de operar también desde el teléfono inteligente a través de las aplicaciones adecuadas.

Por lo tanto, los Trading System son una evolución de los planes de trading hechos por el hombre. Por esta razón, la creación y el uso de sistemas automatizados ha dado lugar a importantes beneficios para los inversores financieros. Pero todos los profesionales se oponen a ello. Las desventajas, por pequeñas que sean en comparación con el comercio humano, todavía deben contemplarse y analizarse.

Las ventajas

Se pueden identificar una serie de beneficios del uso de los Trading System. La principal ventaja, como ya se ha expresado anteriormente, es la eliminación completa del elemento emocional en el campo de las operaciones comerciales, que caracteriza al hombre. Por lo tanto, un Trading System se basa en criterios objetivos, por los cuales limita la interferencia humana y le permite aumentar los beneficios.

Un beneficio adicional para los traders es el ahorro de tiempo. Antes de la llegada del Trading System, los inversores tenían que dedicar un gran número de horas al estudio y análisis del mercado antes de poder decidir sobre la conveniencia de hacer una inversión. Estos sistemas, por otro lado, llevan a cabo pruebas directas y rápidas en el mercado, de modo que el trader sólo se activará cuando el Trading System recoge señales de compra o venta. Como se ha mencionado, el proceso de toma de decisiones es absolutamente autónomo, no está influenciado por factores puramente humanos, e implica un estudio del mercado que se llevará a cabo siguiendo cuatro etapas, muy rápidamente.

En primer lugar, el Trading System debe decidir cuál es la técnica de entrada ideal en ese momento preciso, ya sea una operación a corto o largo plazo. En segundo lugar, el Trading System debe supervisar los efectos de una posible apertura de una transacción comparando los distintos indicadores, con el fin de mantener un ojo en la tasa de éxito y la relación de riesgo a devolver. Una vez evaluadas las tendencias de mercado y de precios del instrumento financiero observado, el sistema automatizado tendrá que tomar la decisión en relación con la cantidad de capital que se utilizará para cada transacción específica, teniendo en cuenta toda la cartera disponible del trader. Una vez abierta la posición, el Trading System todavía tendrá que monitorear la tendencia de la posición, estableciendo de vez en cuando nuevos puntos de stop loss que, si el porcentaje de riesgo aumenta excesivamente, pueden convertirse en puntos de salida Mercado.

Incluso si la tendencia resulta positiva, el Trading System tendrá que tomar la decisión de salir del mercado antes de que el beneficio se vea afectado por un posible cambio de curso de la tendencia. Todo esto tiene lugar en un período muy corto de tiempo. Cualquier trader, incluso si es bueno, necesita un tiempo mucho mayor para poder hacer el mismo trabajo, a menudo sin considerar elementos fundamentales o cometer errores de análisis. Por lo tanto, la racionalización de la toma de decisiones se convierte en una ventaja que no debe subestimarse, tanto en términos de tiempo, sino sobre todo en términos de éxito y ganancia.

El Trading System también le permite comprobar inmediatamente si la estrategia que está implementando es efectiva o no. La estrategia se analiza en detalle en cualquier etapa del mercado, para entender si es deficiente en ciertos períodos, para mejorar las fortalezas, corregir las debilidades y resolver cualquier problema. Todo esto se puede hacer sin costo, simplemente ejecutando simulaciones en un mercado financiero real utilizando dinero ficticio. Sólo cuando el trader entiende que la estrategia desarrollada es la mejor posible, entonces puede abrir posiciones reales con inversiones reales. A través de las simulaciones también es posible entender cuál es el nivel de riesgo en el mercado, obteniendo, a través de análisis específicos realizados directamente desde el Trading System, el valor máximo de pérdida de la serie histórica analizada y el punto máximo alcanzado por la tendencia. De esta manera, el porcentaje de riesgo puede asumir datos reales y significativos y la estrategia puede perfeccionarse aún más.

Ejecutar varias simulaciones antes de tomar la decisión de entrar en el mercado también es útil por otra razón. De hecho, el Trading System debe estudiar y fijar algunas apuestas, que delimitan la eficiencia y conveniencia de la estrategia adoptada. Si la tendencia analizada supera los niveles límite establecidos sobre la base del capital asignado y el apetito de riesgo, entonces el sistema automatizado sale inmediatamente del mercado, interrumpiendo la inversión. La falta de responsabilidad del trader también puede ser una ventaja. Los Trading System, de hecho, son capaces de transmitir automáticamente las señales de compra y venta de la posición a los brokers, sin ninguna intervención del trader. Esto implica no sólo la posibilidad de que el trader no está delante de la pantalla durante todas las fases de negociación, sino también a un menor nivel de estrés para el mismo trader, que será completamente reemplazado por el sistema.

Al eliminar la parte sentimental y emocional típica del hombre, el Trading System le permite tomar decisiones objetivas, dejando que las posiciones exploten plenamente la tendencia cuando obtiene ganancias y detiene el comercio en caso de que empezar a ver fugas. El sistema de hecho está desprovisto de discreción, considerado quizás la causa más grande de los errores financieros cometidos por el hombre.

Las desventajas

Sin embargo, Trading System no sólo se compone de factores positivos y ganancias. Operar con un recurso completo a algoritmos y estadísticas puede resultar en pérdidas que pueden afectar significativamente el capital del trader. Los Trading System o deben considerarse como máquinas fáciles de usar, sino como ejecutores de algoritmos. Por lo tanto, la ilusión de ganancias altas y rápidas puede considerarse una desventaja para los traders que luego serán llamados a lidiar con la realidad.

Esta falsa idea del mundo del trading ha sido particularmente ampliada por la web, que, con el objetivo de atraer nuevos inversores en el mundo financiero, ha tenido ganancias fáciles, gracias a sistemas automatizados casi infalibles. Uno de los principales defectos del Trading System es la dificultad en el cumplimiento estricto de la estrategia que el trader ha establecido. De hecho, una buena negociación sigue la regla de permitir que los beneficios continúen, sin cerrar la posición antes de tiempo, y reducir las pérdidas en su lugar. Este principio se respeta principalmente en los sistemas Trend Following, donde incluso si la tasa de éxito sigue siendo relativamente baja, generalmente por debajo del 50%, el beneficio siempre sigue siendo notable, gracias al corte correcto de las pérdidas. Además, si este tipo de Trading System está flanqueado por un filtro u oscilador que puede gestionar objetivamente el capital incluso durante las fases laterales del mercado, los resultados a medio y largo plazo pueden llegar a ser excelentes.

Muchos traders están buscando el porcentaje directo de éxito, pero no cuentan que en estos casos el riesgo aumenta y las pérdidas pueden ser muy onerosas. Esto se logra cuando el trader, y en consecuencia el sistema automatizado, varían repetidamente su estrategia, tratando de afilar, pero terminando sólo creando menores beneficios. A veces el trader puede decidir tomar las cosas en sus propias manos, cerrar transacciones que se abrieron automáticamente, abrir otras que están fuera de la estrategia implementada: esto, sin embargo, frustra toda la inversión realizada y hace estallar la estrategia con dedicación y atención. Por lo tanto, el incumplimiento de la disciplina estratégica es un aspecto que puede tener muchas desventajas económicas.

Lo que determina la supervivencia de un trader en el mercado financiero durante un período de tiempo aceptable, sin embargo, es la capacidad de gestionar las pérdidas, tanto desde un punto de vista puramente técnico como, sobre todo, psicológico. La reducción es, de hecho, una dificultad que está en el mercado financiero y que incluso el mejor sistema de comercio no es capaz de eliminar por completo. Sin embargo, la dificultad de gestionar el capital y las pérdidas a veces puede manifestarse en los mismos sistemas automatizados

Los Trading System también pueden encontrarse con períodos de perdición estratégica total, oscuridad absoluta. Durante estos intervalos el trader sólo obtendrá pérdidas, sin ser capaz de recuperar el capital invertido. El mayor error que un inversor puede cometer en estos casos, sin embargo, es cambiar la estrategia, incluso si la reducción fuera a superar el máximo histórico. El uso de los Trading System tiene desventajas incluso si una tendencia cambia su serie histórica. Por esta razón, muchos expertos financieros creen que es más fácil y más barato invertir en mercados jóvenes e inmaduros que en mercados a largo plazo y establecidos. La razón radica precisamente en la posibilidad de cambiar permanentemente la serie histórica, creando una descompensación entre los datos reales y la información que posee el sistema automatizado que provoca un apagón total en la gestión de la cartera.

Incluso en el mundo de los Trading System, la calidad del servicio requiere un costo muy alto. Muchos traders inexpertos tratan de confiar, con un presupuesto bastante limitado, en el software de comercio libre, disponible en la web. Pero estos Trading System tienen déficits en al menos dos elementos fundamentales: en primer lugar, los datos de flujos de precios de los instrumentos financieros analizados son a menudo incompletos o inexactos y no permiten un análisis objetivo del mercado; en segundo lugar, la velocidad a la que se recibe la información es muy inferior a la de los sistemas automatizados de pago. La calidad y la velocidad son los principales componentes de los algoritmos que deben garantizar la implementación de una estrategia exitosa.

En particular, la recepción de datos inexactos e incorrectos lleva a osciladores e indicadores a identificar puntos clave, como los de máximos y mínimos, en posiciones diferentes a las reales. Por lo tanto, un trader que decide utilizar un Trading System de mala calidad tiene una desventaja que es difícil de remediar.

Capítulo 3 – Cómo construir un Trading System exitoso

Construir un Trading System esde cero no es un proceso fácil y rápido y, por lo tanto, lleva mucho tiempo. En general, incluso los traders más experimentados han comenzado a entrar en el mercado de negociación sin una gestión de dinero real y sin tener una idea clara de lo que sucedería una vez que invirtieron su capital en un instrumento financiero dado. Sin embargo, pocos experimentos son suficientes para entender que se necesita una estrategia, que puede nacer de maneras simples, como agregar un stop loss para probar el cambio en la tasa de éxito, hasta que alcancen niveles más complejos, cruzando tal vez diferentes medias móviles. Precisamente de esta manera, que implica necesariamente la transición a través de varios intentos, tal vez realizados en los canales de simulación de trading con el fin de no afectar el capital a invertir, la estrategia de gestión del dinero comienza a tomar forma personalizada.

Hacer la gestión del dinero es quizás el aspecto más complicado y delicado de todo el proceso de construcción del Trading System. Esta estrategia determinará el desempeño futuro de su capital. Una vez que se ha desarrollado una estrategia que parece eludir la multiplicidad de problemas en el mercado, es importante no cambiarla. Es necesario entender que no hay una estrategia perfecta de mercado e inversión, que pueda excluir completamente las pérdidas, pero hay que saber cómo crear un algoritmo que pueda cerrar la transacción en el momento en que las pérdidas comienzan a crearse.

Encontrar un equilibrio que garantice una relación de retorno de riesgo aceptable para el trader por lo tanto no es fácil, y es el resultado de un proceso que puede durar incluso muchos meses, especialmente si usted está en la primera experiencia en el mundo del trading. Por esta razón, es importante, una vez visto varias veces en el mismo mercado, tener una idea. Esto servirá de base para su gestión del dinero y será el núcleo de toda la estrategia del mercado. El concepto básico surgirá sólo después de entender lo que realmente sucede en los gráficos y lo que representan todos los elementos presentes en ellos: por lo tanto, es esencial leer libros que se ocupan de los mercados comerciales y financieros, con el fin de aumentar el equipaje personal.

Los principiantes se hacen la pregunta de cómo desarrollar estrategias válidas del Trading System sin tener conocimientos de programación e idiomas. Para facilitar esta fase, algunos programas proporcionan asistentes de asistencia de compilación, que le permiten establecer los parámetros de compra y venta que desee. De esta manera usted no tiene que ser un programador experimentado, que es un requisito clave si desea hacer del Trading System una actividad profesional. En este caso, los traders tendrán que estudiar los diversos conceptos informáticos de programación y lenguajes en profundidad antes de embarcarse en este camino. Alternativamente, pueden recurrir a programadores especializados, pero corren el riesgo de que la idea ganadora sea hecha de alguna manera por el programador. Una vez que haya aclarado los conceptos básicos del trading, puede dedicarse completamente a la fase de la construcción real de un Trading System.

Análisis del mercado y principios básicos

El primer paso que un trader que tiene la intención de implementar un Trading System personal debe tomar es definitivamente el análisis de mercado. El estudio de los gráficos, el cálculo de las medias móviles, la elección de los mejores osciladores dependiendo del propósito que desea perseguir, es de hecho el primer paso hacia la realización de un Trading System automatizado que puede garantizar una ganancia. Por lo tanto, el trader debe decidir si opta por un Trading System que pueda garantizar una mayor probabilidad de éxito, pero menores ganancias, como un sistema de inversión, o un tipo de sistema que garantice un porcentaje muy exitoso, pero una muy buena relación de retorno al riesgo, como los sistemas de Trend Following.

Estos últimos son sin duda los más comunes y requieren conceptos básicos más simples que otros tipos, aunque todavía complejos. El trader también está llamado a comprobar la serie histórica del mercado observado, con el fin de entender cuáles son los niveles mínimos y máximos absolutos de la tendencia. Identificar la tendencia actual de la tendencia una vez que se calcula la media móvil es simple. La dificultad radica en entender cuál será la tendencia futura de la misma. Optar por un sistema Trend Following puede no ser un problema, ya que el sistema continuará obstinadamente en la tendencia hasta que haya una inversión en la tendencia de la serie con la consiguiente salida del mercado.

Por el contrario, en una inversión en el Trading System debe establecerse las condiciones para las que se supone que la tendencia pronto cambiará de tendencia. No es posible elegir cuál es el mejor sistema a priori, ya que esta elección depende tanto del mercado específico en el que se pretende entrar como del apetito de riesgo del trader, y por lo tanto es una evaluación puramente personal.

En cualquier caso, un buen Trading System debe construirse de una manera que respete algunos principios fundamentales: debe generar beneficios, debe ser simple, debe ser robusto, debe gestionar el riesgo de la manera más adecuada, debe ser totalmente automatizado. El Trading System debe ser necesariamente rentable: el beneficio medio por transacción y, por lo tanto, su ANP, el beneficio neto medio, debe estar por encima de cero. Esto significa que las ganancias deben ser consistentemente más altas que las pérdidas. Sin embargo, esto no es suficiente. De hecho, el beneficio neto medio debe tener un valor tan positivo que también pueda cubrir los costes y comisiones relacionados con las transacciones individuales y los cambios de precio que se producen entre el momento de la orden y la apertura real de la misma, el llamado deslizamiento.

Una vez restados los costes anteriores, el beneficio neto medio debe ser suficiente para compensar el riesgo asociado con el trading, para garantizar un porcentaje justo de las transacciones positivas incluso durante las etapas difíciles del mercado y para limitar el riesgo pérdida de capital disponible y el consiguiente riesgo de ruina. De hecho, existe una relación inversa entre el beneficio neto medio y el riesgo de ruina: cuanto mayor sea el APN, menor será el riesgo.

En segundo lugar, el Trading System debe basarse en el concepto de simplicidad. El trading basado en unas pocas reglas simples garantiza más ganancias en el futuro, ya que resulta más estable y eficaz. El uso de sistemas complejos puede ser contraproducente, ya que un gran número de reglas de conducta pueden llevar al sistema a una sobre optimización.

Un Trading System que es capaz de generar consistentemente ganancias a largo plazo de manera homogénea independientemente de los cambios en el mercado en comparación con las pruebas realizadas, se considera robusto. La robustez de un Trading System se mide en términos de continuidad, no sólo en comparación con el pasado, sino también con respecto a los cambios en el mercado. Ser capaz de gestionar el riesgo es una característica clave de cualquier buen Trading System con el fin de proteger el capital disponible. La gestión de riesgos depende de la capacidad de las señales para cerrar una posición abierta en el mercado en el momento adecuado, dependiendo de si genera beneficios o pérdidas.

Por último, para ser válido, el Trading System debe ser completamente mecánico y no discrecional. Cada decisión debe ser delegada por el trader al sistema automatizado, que toma decisiones objetivamente a través de un método lógico codificado, probado en un conjunto histórico de datos de mercado de interés.

Independientemente de la elección en el tipo de Trading System, hay hitos que deben establecerse en cualquier sistema automatizado. En primer lugar, es esencial configurar la llamada barra interior. Este es un patrón muy importante para cualquier trader, ya que permite identificar una desaceleración típica del mercado que precede a una fase muy activa, ya sea al revés o al revés. La barra interior no es más que un estrechamiento significativo del rango en el que está operando. Establecer este patrón es quizás uno de los puntos más complicados en todo el proceso de implementación del Trading System y requiere cierto grado de conocimiento del lenguaje de programación utilizado. Si se codifica correctamente la barra interior es esencial para cualquier tipo de Trading System, ya que identifica el mejor momento para entrar en el mercado.

Un segundo elemento a configurar en su sistema automatizado, después de un análisis exhaustivo del mercado, es el de las horas de negociación. Es esencial definir el intervalo de tiempo de trading óptimo para un mercado específico, para que pueda aprovechar al máximo su estrategia. Además, el trading en un momento indeseable podría resultar en pérdidas no deseadas, ya que el Trading System diseñado no es capaz de lograr el máximo retorno de los algoritmos, debido a la tendencia inconsistente.

Por último, es esencial optar por un oscilador determinado dependiendo de cómo desea entrar y salir del mercado.

Cada oscilador tiene méritos y defectos, que pueden ser parcialmente llenados por el flanqueo de otros tipos de indicadores que actúan como apoyo durante la realización de operaciones comerciales. Por ejemplo, un oscilador Dynamic Breakout necesita un indicador de volatilidad, especialmente durante las etapas laterales del mercado, lo que le permite identificar un rango estrecho tanto en el momento de la entrada como en el rango de salida. Generalmente este último es aún más contenido que el primero, por lo tanto, fácilmente detectable en la serie. Para entender si el Trading System acumulado es válido, es necesario llevar a cabo las pruebas necesarias.

Esquemas lógicos y pruebas (testing)

Para construir cualquier tipo de Trading System es necesario definir una ruta lógica precisa que tenga en cuenta ciertos puntos clave para la realización de un software exitoso. Por supuesto, el primer paso es el análisis de mercado. Es necesario no subestimar este paso, ya que todo trader debe ser consciente de las normas en las que se basa todo el sistema financiero, sino también los competidores con los que tendrá que lidiar y cualquier otra parte interesada presente en el área de referencia.

Es crucial preguntar sobre lo que ha caracterizado al mercado en sus series históricas, las ideas que influyeron en él y las que han alcanzado las tasas de éxito más altas. Iniciar una actividad comercial con un conocimiento detallado del mercado de referencia significa comenzar notablemente con ventaja. Pero analizar el mercado también significa definir cuáles son los objetivos. Establecer un objetivo también significa dejar de lado las ilusiones y confiar en datos concretos y realistas, que son proporcionados directamente por el mercado. Además, el trader está obligado a decidir qué cartera total tiene la intención de tener para llevar a cabo la actividad comercial a medio y largo plazo y cuál es el límite máximo de pérdida que está dispuesto a tolerar, con el fin de evitar el riesgo de una crisis financiera real.

Toda elección debe hacerse de manera racional, para evitar deslizar todo el capital asignado, carente de correspondencia entre la estrategia y la realidad. Una vez analizado el mercado en detalle, es posible pasar a una segunda fase, es decir, la interpretación del mercado. En base a los datos recogidos, el trader está llamado a entender, de una manera completamente intuitiva, lo que la tendencia puede ser. Para verificar que la estrategia puede funcionar en el mercado, es necesario asumir un rango en el gráfico de tendencias, verificando su eficiencia. Por supuesto, sólo es posible llevar a cabo una prueba de este tipo a corto plazo, pero sigue siendo un primer paso hacia la conciencia de la calidad del algoritmo ideado. Si los resultados son relativamente buenos, puede continuar con el siguiente esquema lógico, de lo contrario es obligatorio volver a examinar la idea inicial.

El siguiente paso es construir algunas señales de salida, que le permiten gestionar tanto las ganancias como las pérdidas. Esta fase es considerada por muchos expertos en comercio como la más importante de todo el proceso de construcción de un Trading System y por lo tanto requiere concentración y aplicación. Las señales de salida deben hacerse con un solo propósito, a saber, la maximización del beneficio. Es importante analizar el comportamiento de las señales de salida tanto por separado como en la generalidad de la estrategia. En ambos casos, cada señal debe ser coherente con la idea estratégica y los objetivos. Estas pruebas son sólo indicativas y se llevan a cabo no para entender la verdadera eficacia del algoritmo, pero para ayudar al trader a verificar que la ruta tomada es la correcta.

Sólo después de definir y probar las señales de salida puede ser posible refinar la calidad de las señales de entrada, aplicando filtros, que tienen como objetivo disminuir la operación, es decir, las entradas, excluyendo todas las operaciones que podrían conducir a resultados negativo. En este caso, sin embargo, existe el riesgo de excluir incluso las señales que habrían dado lugar a beneficios, por lo que la aplicación de filtros debe ser una operación bien pensada. Para obtener mejores resultados, siempre se recomienda probar para asegurarse de que la inserción de filtros no altera el comportamiento anterior de las señales. Una vez más, la prueba debe llevarse a cabo tanto en los filtros individuales como en la totalidad de los filtros. Para evitar que esto tome demasiado tiempo, las pruebas tendrán que ser cortas y rápidas. La inserción de señales y sus filtros implica inevitablemente la realización de una serie de correcciones, necesarias para hacer todo el algoritmo más eficiente. Una vez que haya terminado de insertar esquemas lógicos, puede pasar a la fase de prueba real.

Este proceso está destinado a optimizar la estrategia comercial, gracias también al uso de bases de datos. Estos le permiten identificar los méritos y defectos del algoritmo, pero también los sectores en los que se deben lograr los mejores resultados a través del Trading System construido, los mercados que generan pérdidas y operaciones negativas, e incluso el porcentaje de dependiendo de la cantidad de operación impuesta al sistema automatizado.

La fase de optimización del Trading System consiste principalmente en realizar varios intentos de modificar las entradas del algoritmo, lo que resulta en la prueba de los resultados de cada prueba. La variación de entrada puede producirse individualmente o corrigiendo varios valores al mismo tiempo. Es importante elegir un tipo de prueba, entre muchas de ellas en este sector, que proporcione datos objetivos sobre la calidad del sistema de trading realizado. En particular, las pruebas tienen como objetivo comprobar la presencia del llamado sobreajuste: estos elementos indican la posibilidad de que el Trading System es adecuado para una tendencia pasada, pero resultan inadecuados para anticipar la tendencia correcta en el futuro. Resolver estos problemas puede aumentar la robustez de su estrategia y evitar reducciones en el futuro.

Una de las pruebas más eficientes se llama "en la muestra / fuera de la muestra". Esta prueba consiste en dividir en dos partes diferentes de una base de datos para una serie histórica de un instrumento financiero determinado. La primera parte, que corresponde al 70% de la base de datos, es la base de todo el Trading System y en ella se definen todas las señales, filtros y gestión de dinero del algoritmo. En su lugar, el resto de la base de datos se utiliza para simular eventos repentinos futuros para probar la reactividad del algoritmo.

Las pruebas también son esenciales para definir el límite máximo que se establecerá para las pérdidas. El límite que siempre se ha utilizado en el

Trading System es el doble del nivel máximo de reducción registrado en toda la serie histórica. Este razonamiento, aunque correcto, ha llevado a pérdidas muy grandes entre los traders a lo largo de la historia de las pérdidas, a veces conduce a una profunda crisis financiera. Por otro lado, sin embargo, establecer un nivel más bajo parece completamente absurdo. Una vez completada la fase de prueba, la creación del Trading System se puede considerar terminada. El mercado real, sin embargo, es el mercado real. Cada Trading System requiere una fase de configuración, durante la cual el trader tendrá que supervisar el funcionamiento del algoritmo y su eficiencia. Una de las características que más atención requiere es el cumplimiento por parte del Trading System, a medio plazo, de la estrategia.

Eventuales errores a evitar

Muchos traders creen que los errores más graves ocurren en la fase de programación del Trading System. De hecho, las mayores dificultades se detectan como resultado del principio de construcción del sistema, es decir, en el momento en que el trader está llamado a identificar la idea inicial en la que basar toda la estrategia. Además, los traders tienden a no cumplir completamente con todos los requisitos que una buena estrategia debe poseer, y generalmente como resultado, el algoritmo puede resultar poco robusto, incapaz e inadecuado para adaptarse a todas las fluctuaciones en la tendencia.

El problema de la dificultad del lenguaje informático, por otro lado, se puede superar con la simple ayuda de programadores experimentados, ya conocedores del mundo del trading, capaces de traer de vuelta dentro del Trading System la idea externalizada por el trader. Una trampa en la que los traders no deben caer es la posibilidad de ser engañado por cualquier error cometido en la fase de codificación, que puede resultar en resultados significativamente mejores de lo que se supone inicialmente. En realidad, se trata de una clara inexactitud, que también puede ser verificada por pruebas específicas, que se refiere a eventos que no podrían tener ninguna manifestación en un mercado real.

Otro obstáculo es la garrapata que rebota. Este es un error que puede alterar positivamente las pruebas, pero que resulta en consecuencias negativas una vez utilizado en la actividad comercial. Este error hace que se modifiquen los datos históricos de la serie, lo que altera el punto de parada final. El problema surge porque el Trading System no reconoce el movimiento de la serie y recorre la tendencia en la dirección opuesta a la estándar. Una vez más, el reconocimiento del error radica en la posibilidad de intuir que los resultados obtenidos en las distintas pruebas son excesivamente positivos, en comparación con los obtenidos en el mercado real. Insistir en gran medida en la fase de prueba es la única manera de entender, antes de invertir dinero real y no virtual, si el algoritmo realizado presenta algunos defectos.

La historia del trading, sin embargo, enseña que a veces algunos supuestos errores en la planificación o construcción del Trading System han demostrado ser técnicas válidas de éxito, que a lo largo de los años se han extendido entre todos los traders, mejorando la relación entre y, como resultado, toda la actividad de inversión. Los códigos erróneos, por lo tanto, pueden llegar a ser fortunas reales, que luego tendrán que ser probadas en el mundo real con el fin de definirlos como tales. Por esta razón, el trabajo del trader casi nunca termina.

Una vez que usted tiene un Trading System, el objetivo es entender sus debilidades y fortalezas, con el fin de construir uno que siempre puede ser mejor. De hecho, es incorrecto trabajar siempre en el mismo sistema automatizado, ya que es posible que se creen errores que en lugar de mejorar la actividad comercial conducen a empeoramiento, a veces incluso sensible, con el riesgo de tener el trabajo hecho hasta entonces frustrado.

Conclusiones

Como se ha visto en capítulos anteriores, el Trading System es la herramienta que actúa como una brújula en el mundo insidioso de las finanzas y el comercio. De hecho, operar sin una herramienta de soporte automatizada válida, pero depender sólo de la improvisación y la suerte, puede ser perjudicial. Confiar en un Trading System y tener una gestión de dinero válida es el punto de partida para alcanzar los objetivos establecidos y el éxito en el mercado financiero.

Si bien el trading es un trabajo real, es cierto que casi todos los que realizan transacciones financieras en línea también realizan otros tipos de trabajo al mismo tiempo. En este punto surge la cuestión de cómo conciliar el trabajo con la actividad comercial. Para ello, se recomienda preparar un plan de trading basado en su tiempo libre del trabajo, teniendo en cuenta que las plataformas del Trading System están activas las 24 horas del día, los 7 días de la semana, dependiendo de los parámetros que establezca. Gracias a estos sistemas el trader puede ahorrar mucho tiempo, ya que no es necesario que se quede durante horas frente al ordenador, y también es posible configurar pre-órdenes para la realización de operaciones, que el sistema manejará de una manera que completamente autónomo.

Si no desea hacer uso de los sistemas existentes, pero prefiere construir el Trading System, el tiempo para dedicar a la actividad necesariamente tendrá que ser mayor, especialmente en la implementación y el estudio previo.

Operar en línea, como se ha analizado anteriormente, tiene aspectos positivos y negativos. De hecho, no todo lo que lees en la web refleja la realidad, y puede confundir fácilmente a aquellos que no tienen experiencia en la industria. Con el fin de proteger contra estafas y engaños, es importante no confiar en el primer sistema en el que se encuentra, sino analizar las características y cualidades de múltiples sistemas, comparándolos.

Sin embargo, los beneficios no se garantizarán si la actividad comercial no va acompañada de un compromiso constante y largas esperas, ya que a corto plazo sólo se pueden lograr pequeños resultados que se agotarán en muy poco tiempo: es de hecho, a largo plazo, que se manifiestan los resultados más significativos y satisfactorios, como resultado de un arduo trabajo de análisis de los mercados. La mejor estrategia para "ganar" es, por lo tanto, planificar su estrategia.

www.ingramcontent.com/pod-product-compliance
Lightning Source LLC
Chambersburg PA
CBHW070435220526
45466CB00004B/1685